はじめまして。 Lilyです。

私はエステティシャンとして、これまで2万人以上のお客様に、
ボディメイクのお手伝いをしてきました。年齢はもちろん、体質も生活スタイルも
さまざまな方の体にこの手で触れてボディラインを変えるのが私の使命です。

とはいえ、最初は文字通りの劣等生でした。
先輩エステティシャンのマッサージでお客様のボディラインがみるみる変わるのに、
私はなかなか結果が出せなかったのです。
悲しくて悔しくて。
**人はどうして太るのか、
どうすればボディラインが変えられるのか、**
そればかりを考えて、体の仕組みの根本からもう一度勉強し、
マッサージの順番や体の触り方、何がポイントで何がNGなのか、
本当に必死で研究しました。

それでわかったのです。いちばん大切なのは、**自分の体を理解すること**だと。
そのために10日間、体と向き合う期間を作り、
体の仕組みにあったマッサージで歯車を回してあげれば、
その後は**体が勝手に変わろうとする**のです。

そのメソッドをInstagramで発信したところ、
驚くほどたくさんの方から反応をいただきました。
「今までどうやってもヤセなかったのに初めて変われた」という方、
「ダイエットはもっと苦しいものだと思っていた」という方……。
そんな「ダイエットの迷子」の女性に、
もっともっと、正しいアプローチでボディメイクをしてほしい。
自分の手で自分をキレイにする喜びを味わってほしい。
心からそう思い、Instagramやオンラインサロンで発信している
マッサージの中から、初めての方にもわかりやすく、
続けやすいメソッドだけを新たにまとめて、一冊にぎゅーっとつめ込みました。
今までのダイエットで結果が出なかった方にも、きっとお役に立てると思います。

自分史上最高の自分になるための10日間チャレンジ。
私と一緒にやってみませんか。

Lily

筋肉量は変わらず、
憎き憎き脂肪がたくさん落ちました。
のんびり好きなナマケモノの私でも
万年ダイエッターから卒業できました！
　　　　　　　　　　　　　由美子さん

体が変わることで気持ちも前向きになり、
よく笑うようになったと自分でも感じています。
自分のことが前よりずっと好きになれました。
　　　　　　　　　　　　　麻美さん

　　**ただヤセるのではなく、
　　理想の体を作っていく、**
　　まさにボディメイク。　　さやかさん

マッサージすれば変わる。
だから続けるのが楽しい。
ダイエットは苦しいものではない
と初めてわかりました。
　　　　　　　　　　　　　しのさん

今までのセルフマッサージでは効果が出なかった私。
でもLily式をやってみたら、明らかに肉質が変わってきて
**埋もれかけていた鎖骨や、
今まで触れなかった筋が出てくる**など
目に見えて体型も変わってきました。
　　　　　　　　　　　　　かおりさん

CONTENTS

はじめまして。Lilyです。　　　　　　　　　　　　　　　002

Prologue THEORY OF LILY'S MASSAGE　　010
あなたの体も必ずヤセたがる Lily式マッサージの秘密

Lily式キワ攻めマッサージのポイント　　　　　　　　024
この本の使い方　　　　　　　　　　　　　　　　　　028

Part 1 BASIC COURSE
全身すっきりヤセる

ベーシックコースで意識してほしいポイント　　　　　032
1　リンパの最終出口　鎖骨まわり　　　　　　　　　034
2　下半身リンパの集積地　おなかまわり　　　　　　038
3　脚ヤセのキーポイント　太もも　　　　　　　　　042
4　脚を長く見せるならここ　ひざ下　　　　　　　　046

COLUMN 1
ダイエットを始める前に必ずやるべきこと　　　　　　050

Part 2 SPECIAL COURSE

気になるところを徹底的に攻める

導入マッサージ		054
5	細くしなやかな 二の腕を作る	056
6	女性らしさの象徴 鎖骨を目立たせる	060
7	丸く盛り上がった 美乳を作る	062
8	キュッとくびれた ウエストを作る	064
9	たるみを引き締めて 下腹すっきり	066
10	プリンと上がった ヒップラインを作る	068
11	内側を引き上げる 太ももヤセ1	072
12	外側を削ぎ落とす 太ももヤセ2	076
13	ひざを小さく ふくらはぎほっそり	078
14	スラッとした 細い足首を作る	082

COLUMN 2

食べても太らない体になる方法　　　　　　084

Part 3 FACIAL COURSE
顔立ちまで変わる

フェイシャルのポイントはやさしく触れること	088
15 顔全体を引き締めて小顔を作る	090
16 目をぱっちり大きくする	092
17 ほうれい線を目立たなくする	094
18 二重あごを解消する	096
19 目の下のくまを消す	098
20 首のしわを目立たなくする	100
21 おでこの丸みを作る	102

COLUMN 3
脂肪を燃やす最終兵器は「意識」　　　　　104

Part 4 BEAUTY TIPS

ちょっとした習慣でキレイを作る

「触りグセ」でキレイを作る24時間スケジュール		108
22	顔色を一段明るくする 耳もみ	110
23	体のゆがみを直す つり革逆手持ち	111
24	プチもみで二の腕ヤセを目指す 二の腕つかみ	112
25	女性らしい顔立ちを作る おでこもみ	113
26	顔のリフトアップを助ける 髪引っ張り	114
27	脚の疲れとむくみを取る すねたたき	115
28	全身の老廃物を流す お風呂タイム	116

COLUMN 4

美しくなるために整えておきたい「やせマインド」　118

ヤセたがる体を作るためのQ&A　120

おわりに　124

私と一緒に
やりましょう

マッサージのやり方がよくわかる動画つき

Part1、Part2とPart3の一部には、マッサージの手順が見られる動画がついています。携帯電話やスマートフォンでQRコードを読み取り、本書とあわせてご覧ください。

※動画ならびに動画掲載ページは、予告なく変更および中止することがあります。
※機種によっては動画を再生できないことがあります。

THEORY OF LILY'S MASSAGE

Prologue

あなたの体も必ずヤセたがる Lily式マッサージの秘密

これから紹介するのは、マッサージするだけで自然にボディラインが整うという、他にはない独自のメソッド。なぜそんなことができるのか、まずはその秘密をお伝えします。

知ってますか!?
すべての**元凶**は
コリなんです！

もともと筋肉はしなやかに伸び縮みするものですが、運動不足や姿勢のクセなどで緊張が続くと、弾力がなくなって硬く縮こまってしまいます。これがコリの正体です。コリがある体は、**川のあちこちが大きな岩でツマっているような**状態。血流もリンパの流れもせき止められ、本来は体の外に排出されるはずの老廃物が少しずつたまっていきます。よぶんな水分もそこにたまってむくみをひき起こし、ボディラインが崩れ始めます。さらに、水分がたまることで冷えて脂肪がつきやすくなります。その状態が改善されないと、ついた脂肪ががっちり固まってセルライトに。もっと流れが悪くなり、老廃物や水分がたまるという悪循環になります。この悪循環を断ち切るのが、**コリをほぐし、たまった老廃物や水分を押し流すマッサージ**です。リンパの流れを意識して行いますが、ふつうの「リンパマッサージ」とはかなり違います。筋肉のコリにも注目することで、**せき止められていた川の水が激しく流れ始めるように**、自然とヤセやすい体へと変えられるのです。

コリがあると太りやすくなる！

筋肉が凝る → むくむ → 冷える → 脂肪がつく → セルライトになる → 老廃物がリンパにうまく流れていかなくなる →（悪循環）→ 筋肉が凝る

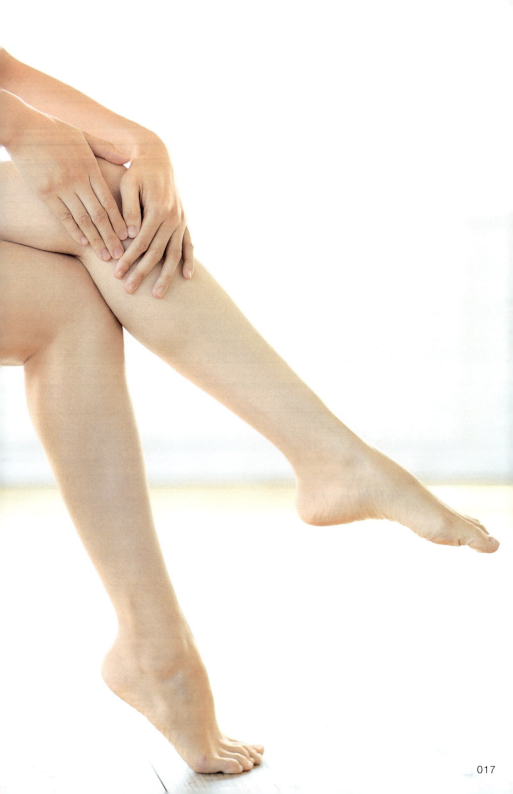

私たちの体は、皮膚の近くには細い毛細血管があり、合流をくり返して太い動脈や静脈になります。同じように、リンパ管も体の表面近くにあるものは細く、体の奥のほうで合流して太い流れになります。ふつうの「リンパマッサージ」と呼ばれるものは、体の表面近くにある細いリンパ＝浅層リンパ管の流れを促すもの。そのために、やさしくなでるように行います。でも、私のマッサージの特徴は、**体の奥を通っている太い流れ＝深層リンパ管を刺激する**こと。骨のキワを狙って押し流します。街にたまったごみを掃除するとき、道の横にある溝だけに流すより、その溝が集まって流れ込む太い下水管を先に流したほうが早いですよね。しかも、下水管がツマっていたら、いくら溝を流しても流れていきません。体の老廃物も同じです。筋肉をしっかりほぐし、奥にある太い深層リンパの流れをよくすることで、**効果的にヤセられる**のです。

深層リンパマッサージの仕組み

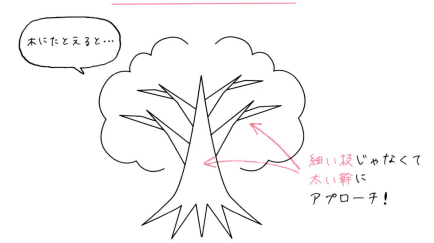

結論 ほぐして

勝手にヤセ

流せばカラダは

たがる

Part1では、全身の流れをよくしてヤセやすい体を作る、基本のマッサージを紹介しています。**1日たった15分、10日間続けると、必ず体に変化が現れます。**まず、むくみが取れ、筋肉や骨がきわだって、腕や脚のフォルムが変わります。さらに全身のシルエットが整い、**変化を実感する**でしょう。そうしたら、Part2やPart3へと進み、気になるパーツにさらにアプローチを加えましょう。体型の長所を伸ばし、弱点を底上げして思い通りのボディラインを作っていきます。これも10日間で変化に気づくはずです。もちろん、Part1をそのまま続けたり、両方並行して行っていただいてもかまいません。大切なのは、とにかく10日間続けること。難しいテクニックは必要ありません。この本の通りにマネするだけ。**人生最後のダイエット**を、今日からさっそく始めましょう！

私と一緒に10日だけ頑張ってみませんか!?

式 キワ攻めマッサージのポイント

Lily's Massage Point 1
クリームかオイルを
塗ってから

マッサージするときは、肌のすべりをよくするため、必ずクリームかオイルを塗ってください。「保湿用」のものは、すぐに肌に浸透してすべりが悪くなってしまうので、「マッサージ用」の油分の多いものがおすすめです。

Lily's Massage Point 2
攻めるのはリンパじゃなく
骨のキワ

Lily式マッサージはより体の奥のほうにある「深層リンパ」にアプローチするのが特徴。そのため、リンパというよりむしろ骨を意識して、そのキワを"痛気持ちいい"くらいの強さで押し流すイメージで行ってください。

私のおすすめはこれ！

\BODY/

パイテラピー 美CinqGPトリートメント
エステの痩身施術用に使われているプロも愛用のマッサージクリーム。肌のすべりがよくなるだけでなく、温熱効果で燃焼＆分解をサポート、保湿効果も（株式会社OI method）

\FACE/

REI The Rich Gel
ダメージのある細胞を修復・活性化させ、若々しい美しさへと導いてくれるオールインワンジェル。私はフェイシャルマッサージのときに使っています（トータルエイジングケア　R Beauty Club）

肌トラブルを避け、マッサージ効果を最大にするためのポイントをご紹介。
ただもむのではなく、ちょっとしたコツの積み重ねで10日後の体が変わってきます。

Lily's Massage Point 3

グーでほぐしパーで流す。
指圧はNG

＼指圧は疲れるし肌の負担に！／

NG

手のひら全体を肌につけます！

筋肉をほぐすときは、手をグーの形にして指の関節を使います。リンパを流すときは手のひら全体で。親指でより深いところにアプローチするときは、親指だけで指圧のように押すのではなく、他の指も肌につけて効率よく流して。

Lily's Massage Point 4

関節から関節まで一気に
ワンストロークで

スススーッ

筋肉をほぐし、たまっている老廃物やいらない水分を流しだすためには、筋肉の端から端まで一気に押し流すのが効果的。そのほうがキレイなラインが作りやすいのです。だから長い部位も、小分けにせず大きく流すよう心がけて。

この本では洋服の上からマッサージしているところもありますが、実際には素肌で行ってくださいね

Lily's Massage Point 5

体をゆらしながら力を抜いて

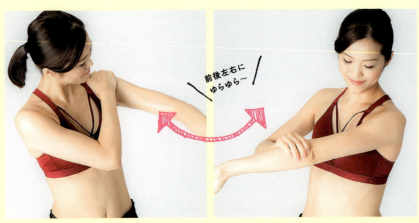

前後左右にゆらゆら～

大きく長い筋肉も端までワンストロークで流すためには、腕だけでなく体全体を使うのがコツ。肩の力を抜いて体を自然にゆらすと、体重やはずみがうまく使えて、ほどよい圧がかけられます。疲れにくいのもメリット。

Lily's Massage Point 6

おなかに息をためて細く長く吐く
腹式呼吸

細く
なが～く
フーーーッ

歌いながらやるのも
おすすめです！

マッサージに熱中すると息が浅くなりがちですが、深い腹式呼吸を意識しましょう。副交感神経が刺激されて血管が広がり、血流がアップ。脂肪が燃焼しやすくなります。

Lily's Massage Point 7

ゆっくりとていねいに
3回くり返す

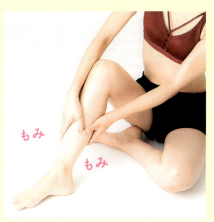

もみ
もみ

マッサージの回数に決まりはありませんが、ひとつの部位につき3回くらいを目安に。途中、ゴリゴリっとしたところがあったら、そこが流れをせき止めているコリなので、クリームを少し足して集中的にほぐすと効果的です。

何より大切なのは
毎日少しずつ
続けること！

この本の使い方

自己流や思い込みではなく、本をよく読んで正しく行うことで、効果を最大限に引き出すことができます。今までのマッサージで効果が出なかった方は特に、マッサージを始める前に必ず目を通してください。

4つのコースとナンバリング

Part1は全身ヤセに適した「ベーシックコース」、Part2は部分ヤセに適した「スペシャルコース」、Part3は顔にフォーカスした「フェイシャルコース」、Part4は美しくなる生活習慣「ビューティチップス」という構成です。各ページがどのパートのマッサージなのか、わかりやすくナンバリングしています。

マッサージの解説

体のどの部分にアプローチするのか、なぜそれが効果的なのかを、骨格標本や人体模型とあわせてわかりやすく説明しています。これを意識してマッサージすることで、結果が出やすくなります。

わかりやすい動画つき

写真だけでは動きが伝わりにくいマッサージには動画をつけました。初めての方は見ながらやるのがおすすめです。

Attention

- マッサージの途中で気分が悪くなったら、直ちに中断し、医師に相談してください。
- 妊娠中の方、病気治療中の方、持病がある方は医師に相談のうえ行ってください。
- 体調が悪いときはムリに行わないでください。
- マッサージで痛みを感じたら、ムリをせず、自分の気持ちがいい程度に力を加減してください。
- 本書の著者ならびに出版社は、マッサージを行って生じた問題に対する責任は負いかねます。体調や体質を考慮したうえ、自己責任のもとで行うようにしてください。

Lilyからのアドバイス

マッサージのちょっとしたコツをまとめています。必ずこの通りにする必要はありませんが、マネするとやりやすいと思います。

攻める場所を意識して

どこをマッサージするか、そのポイントを示しています。骨や筋肉を意識してマッサージすると、効果を最大限に引き出すことができるので、ぜひ頭に入れて行ってください。

マッサージは素肌に！

写真では洋服の上からマッサージしている箇所もありますが、実際は素肌で行うのがおすすめです。肌に直接触れることで、筋肉の張りやコリをとらえやすくなるので、マッサージの効果も上がります。

1 首の横をほぐす
人差し指と中指で「ピース」の形を作り、耳の前後にあてる。口を開けて「あー」と声を出しながら首の横の筋に沿って鎖骨の端まで押し流す。首の横の筋を際立たせることで、首を細くキレイに見せる効果も。

耳の横から始めるのがコツ！
顔を少し傾けて

2 鎖骨まわりをほぐす
鎖骨の上下に指を入れ、体の中心から肩に向かってやや強めに押し流す。痛みが強い場合や指が入りにくい場合は、そっとさする程度から始めて、少しずつ流していく。

少し前かがみになると鎖骨が出てやりやすい
ここを意識！

女性らしさが出るエリア。ここの筋が出ることで全身が華奢に見えます！

BASIC COURSE

Lily Challenge Part 1

全身すっきりヤセる

老廃物をせき止めている筋肉のコリをほぐし、
みるみる美しいボディラインへと変える、最強のプログラム。
リンパの流れにあわせたアプローチで、10日間で結果を出します。

キモは

- ☑ 鎖骨
- ☑ わきの下
- ☑ おなか
- ☑ そけい部

ベーシックコースで意識してほしいポイント

リンパ管は、体のすみずみに張り巡らされていて、川のように細い流れが合流をくり返してだんだん太い流れとなり、鎖骨のところにある出口へと向かいます。ベーシックコースでは、特に大きな合流ポイントと、鎖骨付近にあるリンパの最終出口のつまりを改善することで、全身ヤセへと導きます。

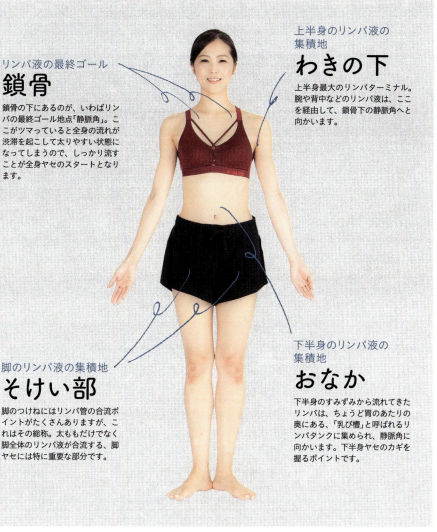

リンパ液の最終ゴール
鎖骨
鎖骨の下にあるのが、いわばリンパの最終ゴール地点「静脈角」。ここがツマっていると全身の流れが渋滞を起こして太りやすい状態になってしまうので、しっかり流すことが全身ヤセのスタートとなります。

上半身のリンパ液の集積地
わきの下
上半身最大のリンパターミナル。腕や背中などのリンパ液は、ここを経由して、鎖骨下の静脈角へと向かいます。

脚のリンパ液の集積地
そけい部
脚のつけねにはリンパ管の合流ポイントがたくさんありますが、これはその総称。太ももだけでなく脚全体のリンパ液が合流する、脚ヤセには特に重要な部分です。

下半身のリンパ液の集積地
おなか
下半身のすみずみから流れてきたリンパは、ちょうど胃のあたりの奥にある、「乳び槽」と呼ばれるリンパタンクに集められ、静脈角に向かいます。下半身ヤセのカギを握るポイントです。

リンパの最終出口
鎖骨まわり

全身すっきりヤセる **1** BASIC COURSE

ヤセにくくしている元凶を徹底的に大掃除！

鎖骨のところにあるリンパの最終出口「静脈角」がツマっているせいで、全身の流れが渋滞を起こして太りやすくなっている方がたくさんいます。ここをしっかりほぐすことが、上半身はもちろん、顔や下半身のマッサージ効果を格段に引き上げることにつながります！

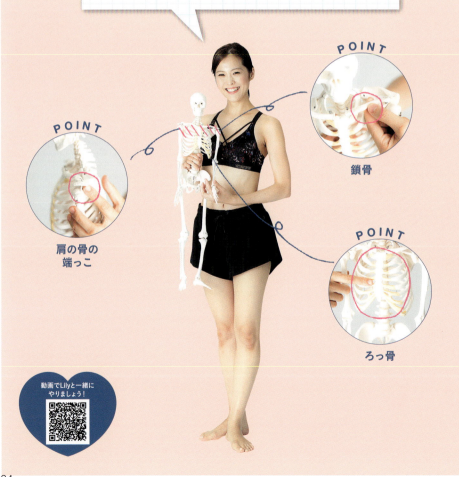

POINT 肩の骨の端っこ

POINT 鎖骨

POINT ろっ骨

動画でLilyと一緒にやりましょう！

1 首の横をほぐす

人差し指と中指で「ピース」の形を作り、耳の前後にあてる。口を開けて「あー」と声を出しながら首の横の筋に沿って鎖骨の端まで押し流す。首の横の筋を際立たせることで、首を細くキレイに見せる効果も。

2 鎖骨まわりをほぐす

鎖骨の上下に指を入れ、体の中心から肩に向かってやや強めに押し流す。痛みが強い場合や指が入りにくい場合は、そっとさする程度から始めて、少しずつ流していく。

女性らしさが出るエリア。
ここの筋が出ることで
全身が華奢に見えます！

BASIC COURSE 1

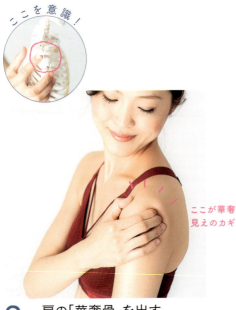

ここを意識！

ここが華奢
見えのカギ

3 肩の「華奢骨」を出す

肩の骨のいちばん外側で、腕の骨とつながっている部分のキワを指先でよくほぐす。ここの骨が際立つと肩がとがって華奢に見えるので、私は「華奢骨」と呼んでいます。

ここを意識！

力を抜いて体を
ゆらゆらゆらしながら

ゴリゴリ

4 デコルテをほぐす

手をグーにして左右にほぐす。スマホの見すぎで姿勢が悪くなるとここが凝り固まっている人が多い。ろっ骨にへばりついた筋肉をはがすイメージで。

グイグイ　　グイグイ

5 二の腕をほぐす

二の腕全体をグーで上下にしごく。外側も内側もまんべんなくほぐすよう意識して。

華奢骨が出ると
ノースリーブに
自信が持てますよ！

6 体の横をほぐす
わき腹からわきの下まで、前から後ろに向かってグーで押し流す。

7 わきに流す
手のひらを肌にぺたっと広くつけ、集めた全ての老廃物をわきに流す。

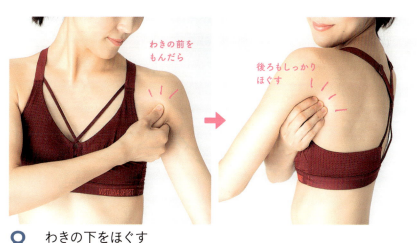

8 わきの下をほぐす
わきの前側も後ろ側もしっかりもみほぐす。皮膚をつまむのではなく、わきの下から肩甲骨の内側を触るイメージで深く指を入れるのがコツ。固く凝っていると痛みがあるので、その場合は軽く触るだけでもOK。

BASIC COURSE 2 全身すっきりヤセる

下半身リンパの集積地
おなかまわり

脚ヤセもおなか引き締めも　ここをほぐさないと始まらない！

脚から流れてきたリンパ液と、小腸や大腸から集まったリンパ液が合流するのが、胃の奥にある「乳び槽」。腸で吸収された脂質が含まれているので、このへんのリンパ液は白いのが特徴です。こことあわせて、脚ヤセのカギを握るそけい部の流れもよくしていきます。

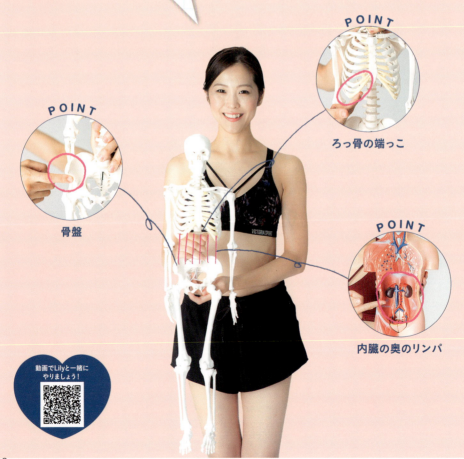

POINT 骨盤

POINT ろっ骨の端っこ

POINT 内臓の奥のリンパ

動画でLilyと一緒にやりましょう！

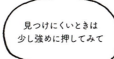
見つけにくいときは少し強めに押してみて

トクトク…
ひざは立てる

1 そけい部の脈をとらえる

仰向けに寝て、ひざを立ててスタート。そけい部のリンパ節をしっかりとらえるため、トクトクと脈打っているところを確認して、軽く押さえる。

ここを意識！
手のひらをくっつけて交互に流す！
そけい部から腰骨を通って

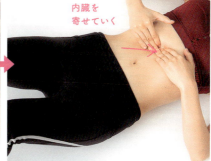

ここを意識！
内臓を寄せていく

2 内臓を引き上げる

そけい部から腰骨に沿って押し流す。骨盤の横まできたら、そのまま内臓を引き上げるイメージで体の中心に向かって押し流す。

BASIC COURSE 2

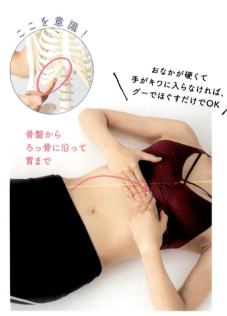

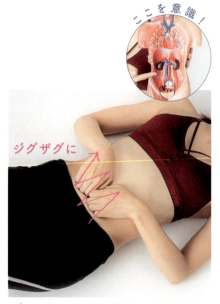

3 胃まで流す

ろっ骨(あばら)のキワにあるリンパ節を刺激しながら、胃のあたりまで押し流す。ろっ骨の下にすき間を作るイメージで。1-3をくり返す。

4 おなかをほぐす

両手をグーにして、胃のあたりから恥骨の上までジグザグにほぐしながら、おなか全体の筋肉と脂肪を刺激する。

続けるとお通じもよくなって一石二鳥！頑張りましょう！

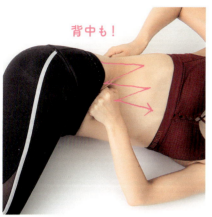

背中も！

5 背中もほぐす

そのまま体をねじって体の側面までほぐす。体の端まできたら片手を背中に回し、両手で体をはさんでジグザグとほぐし続ける。

6 ろっ骨に沿って流す

ろっ骨にへばりついた筋肉をはがすように内側に流す。ここで1-3を再度くり返し、たまっている老廃物をおなかに集める。

ググー！

全部集めて
胃のうらに流す
イメージ

7 おなかに流す

1-6を逆側も行い、最後に手のひらで下腹からおなか全体をさすり上げ、胃のあたりに流す。

全身すっきりヤセる
BASIC COURSE
3

脚ヤセのキーポイント
太もも

気づきにくいけれどむくみがち！
ほぐせばひざ下まですっきり！

太ももには体の中でも大きい筋肉がついていて、そこによけいなものをため込みがち。とくに日中座りっぱなしだと、脚全体のリンパが集まっているそけい部が圧迫されて、脚が太くなりやすくなっています。太ももの流れをよくすることで、脚全体のラインを整えます。

POINT
骨盤の端っこ・
太ももの骨

動画でLilyと一緒に
やりましょう！

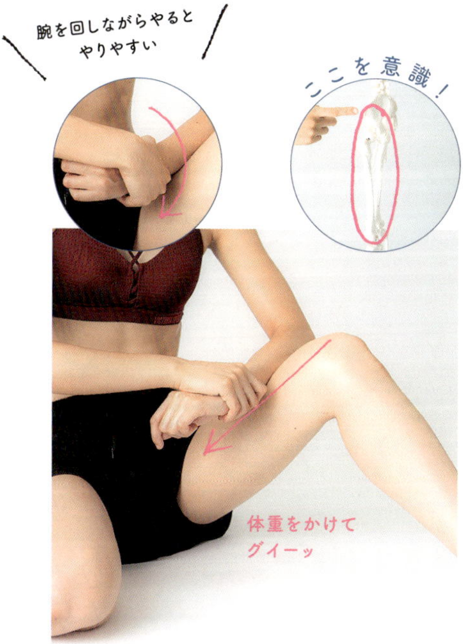

力を抜いて
体をゆらゆら
ゆらしながら

腕を回しながらやると
やりやすい

ここを意識！

ゴリゴリ

体重をかけて
グイーッ

1 全体をほぐす

片ひざを立てて座り、両手をグーにして、太ももの前も後ろも全体的に上下にほぐす。ゴリゴリと硬いところは、クリームを足して集中的にほぐして。

2 太ももの前をほぐす

ひざの上に腕を置き、逆の腕で押さえて体重をかけたら、太ももの前の筋肉にアイロンをかけるイメージで脚のつけねのほうに引き寄せる。腕を自然に回しながら引き寄せるとやりやすい。

腕だけで押すと
疲れちゃうから、
上半身の体重をかけて

BASIC COURSE 3

ここを意識！

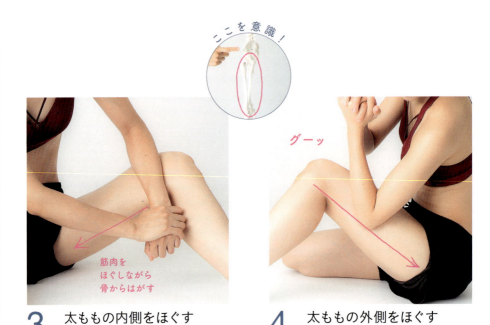

筋肉を
ほぐしながら
骨からはがす

グーッ

3 太ももの内側をほぐす

ひざの内側に腕を置き、逆の腕で押さえて体重をかけたら、アイロンをかけるように脚のつけねのほうに引き寄せる。筋肉をほぐしながら骨からはがすイメージでしっかりと押し流す。

4 太ももの外側をほぐす

ひざの外側にひじをあて、体重をかけてお尻のほうにすべらせる。

太ももの内側は
ツマっている人が多い場所。
痛いときはムリせず
やさしく！

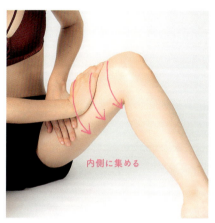

5 太もも上を内側に流す
筋肉がほぐれたら、手のひらをワイパーのようにして太ももの上の老廃物を内側に集める。

6 太もも外側は上に流す
外側の老廃物は、ひざの横から手のひらをワイパーのようにして脚のつけねのほうに集める。

7 そけい部に流す
手のひらを広げて太ももをかかえるようにして、太ももの内側から外側を通ってぐるっと一周させてそけい部に流し込む。

BASIC COURSE 4 — 全身すっきりヤセる

脚を長く見せるならここ
ひざ下

> **運動不足＆冷え症でツマる！現代人のウィークポイント**
>
> ひざの後ろにも大きなリンパのたまり場があり、運動不足の現代人は流れが悪くなりがちです。また、冷え症の方は足首まわりにいらないものがたまって太くなりやすいのですが、しっかり流れを作ってあげれば、比較的簡単にサイズダウンすることができます。

POINT すねの骨

POINT くるぶし

動画でLilyと一緒にやりましょう！

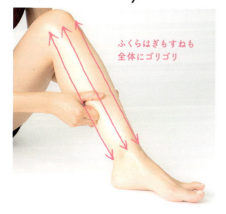

下から上に
向かうときは強め、
下ろすときはやさしく

ふくらはぎもすねも
全体にゴリゴリ

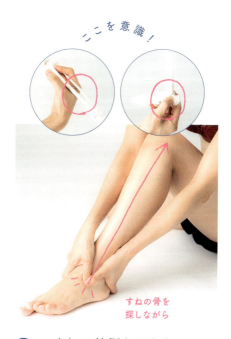

ここを意識！

すねの骨を
探しながら

1 全体をほぐす

片ひざを立てて座り、**両手をグーにして上下に大きく動かして、ひざ下全体をほぐす。**骨にへばりついた筋肉をこそげ落とすイメージで。

2 すねの外側をほぐす

外側のくるぶしの、骨の内側に親指を置き、**すねの骨に沿ってひざの横まで押し流す。**

サンダルが似合う
スラリとした脚に
なりましょう！

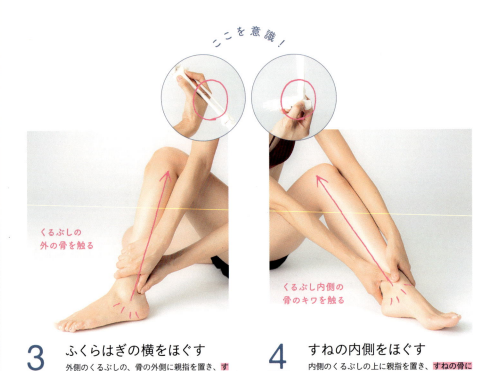

3 ふくらはぎの横をほぐす
外側のくるぶしの、骨の外側に親指を置き、すねの筋肉に沿ってひざの横まで押し流す。

4 すねの内側をほぐす
内側のくるぶしの上に親指を置き、すねの骨に沿ってひざの裏まで押し流す。

> くるぶしの骨をしっかり触ってから始めるとすねの骨もわかりやすいです

立ち仕事などで疲れている方も、脚が軽くなりますよ!

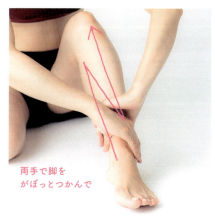

グイ〜!

両手で脚をがぼっとつかんで

ひざの裏に流す

5 すねをほぐす

両手で足首を上から包み込むようにつかみ、すねの骨をしごくようにしてひざまでこすり上げる。骨から筋肉をはがすイメージで。

6 ひざの裏に流す

両手で足首を下から包み込むようにつかみ、ふくらはぎを持ち上げるようにして全体の老廃物をひざの裏に流し込む。

COLUMN 1

成功率が格段にアガる！
ダイエットを始める前に必ずやるべきこと

自分を納得させる

「ヤセたい」「キレイになりたい」。そう思ったとき、何よりやらなきゃいけないのは、どうしてそう思うのか、理由を自分に問いかけること。どんなに衝動的に「今度こそ絶対！」と意気込んでも、根拠がはっきりしなければ、人間の感情は何日も続かないのです。だから、感情だけを頼りにするのではなく、「恋人を作る」など、ダイエットをする理由をちゃんと言葉にして、自分を納得させてください。

裸の写真を自撮りする

次に、自分の現実をしっかり把握しましょう。「太っている」「くびれがない」「体重が重い」……そんなふわっとしたとらえ方ではなく、もっと客観的に、もっと詳しく。お尻はどんな形？　太ももの前と後ろどちらが張っている？　姿勢のゆがみは？……自分のことなのに、みなさん意外と知りません。私は、思い切って全身写真を撮ることをおすすめしています。ショーツ１枚で、前から、横から、後ろからと３枚自撮りしてみてください。ちょっと勇気がいりますが、鏡で見るよりずっと自分を客観的に見ることができます。おのずとやるべきことがはっきりするはず。

目的地を決める

「ヤセたいな」と何度言っても、「南の島に行きたいな」というくらいの、ただの憧れにしかなりません。ぼんやりと「南の島」ではなく、来年の８月にハワイのオアフ島のあのビーチのこのホテル、と具体的にすれば、グンと実現に近づきます。ダイエットも「こんな体になりたい」という最終目標を具体的に決めることで、それを目指しやすくなるのです。大切なのは体重や体脂肪率といった数字ではなく、全身のフォルムのイメージをしっかりと作ること。それがあるからこそ目的地までの地図を描いて、歩いていけるのです。

from my Instagram

日本のサロン退職後、語学留学で訪れたロンドンにて

ロンドンでお世話になったホストファミリーと念願の再会

帰国後、オーストラリアのサロンで研鑽をつみました

オーストラリアのルームメイト。エステしてあげたことも

SPECIAL COURSE
Lily Challenge Part 2

気になるところを徹底的に攻める

10日間のマッサージで、流れがよくヤセやすい体を作ったら、次は好みのボディラインへとディテールを整えます。コンプレックスだった弱点を克服して、憧れの体型に！

(上半身は)
☑ 首と鎖骨

(下半身は)
☑ 脚のつけね

から始めます

導入マッサージ

上半身

腕や胸元など、ぱっと見の印象を決める上半身。リンパは鎖骨の出口で静脈につながっています。だから、上半身にアプローチする前に、必ず鎖骨まわりを軽く掃除して、つまりを取り除いてください。華奢見え効果をよりアップするため、あわせて首筋を触る習慣も。

耳の横から首筋を押し流す

1 手を「ピース」の形にして耳をはさみ、首の横の筋に沿って鎖骨の端まで押し流す。

鎖骨の端までグイーッ

2 鎖骨の上下に指を入れ、鎖骨の溝を掃除するイメージで体の中心から肩に向かって押し流す。

下半身

全身体型のイメージを左右するのは下半身。リンパは脚のつけね（そけい部）と胃の奥の乳び槽に向かって流れています。おなかはもちろん、脚ヤセにもここのつまりは絶対NG。しっかり掃除して流れるスペースを確保してからそれぞれのパーツを攻めていきましょう。

トクトク脈打っているところからスタート

1 そけい部に指をあててトクトクと脈打っているところを確認し、軽く押す。

ろっ骨に沿ってグイーッ

2 腰骨に沿って腰骨の端まで押し流し、そのまま内臓を寄せるイメージで胃のあたりまで引き上げる。

SPECIAL COURSE 5

気になるところを徹底的に攻める

細くしなやかな
二の腕を作る

ノースリーブから出る細腕で視線を釘づけに

肩からひじにかけて、腕の筋が浮き立って影ができると、引き締まった印象になり、体重は減っていなくてもスラリと細く見えます。二の腕の骨は、すこしねじれた形になっているのですが、それにぴったりと沿うようにマッサージすると、より早く効果が出ます。

POINT

二の腕のねじれ

動画でLilyと一緒にやりましょう！

くわしくは
P55を見て！

INTRODUCTION
このマッサージの前に首と鎖骨まわりをほぐしておくと、さらに効果が出やすくなります！

ここを意識！

ねじれた骨に沿って
押し流すため
腕を回転させながら
行います

ゴリゴリ

手のひらは
下向きから
上向きに

1 全体をほぐす
手をグーにして、二の腕全体を上下にほぐす。ひじから肩・わきまで手を大きく動かすのがコツ。

2 腕の前を流す
手のひらを下向きにして腕を伸ばし、ひじの内側に親指を置く。手のひらが上向きになるよう腕を回転させながら、筋肉の上に沿ってわきの前まで押し流す。

肩からひじまでの
ラインが華奢だと
セクシーに見えますよ

いわゆる「振りそで」と呼ばれる部分にアプローチ！

わきの下までしっかり！

3 腕の内側を流す
2と同様に、腕を回転させながら、筋肉の下に沿ってひじの内側からわきの奥まで押し流す。

ひじの下からスタート！

4 腕の外側を流す
ひじの下に腕をつかむように指を置き、そのまま筋肉をしごくように肩まで押し流す。

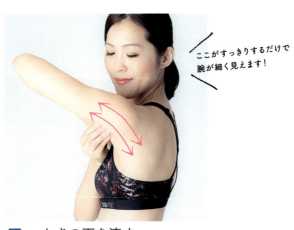

ここがすっきりするだけで腕が細く見えます！

5 わきの下を流す
腕を上げ、骨の角の部分を指で掘るようにして押し流す。痛くて指が入らなければ、グーでほぐすだけでもOK。

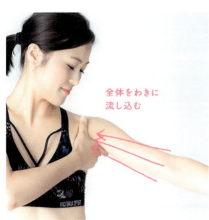

6 わきに流す
手のひらをワイパーのように使って二の腕全体の老廃物を集め、わきの下に流し込む。

全体をわきに流し込む

7 わきをもむ
わきの下に指を入れて前側と後ろ側をしっかりもみほぐす。背中側もしっかりと。

もみ
もみ

最後にグーンとストレッチ！

SPECIAL COURSE 6

気になるところを徹底的に攻める

女性らしさの象徴
鎖骨を目立たせる

華奢でセクシーな女性らしい胸元に

胸元の開いた洋服を色っぽく着こなすためには、鎖骨が浮き出ていることがとても大切。鎖骨が目立つと華奢な印象になり、洋服で隠れている部分も細く見せる効果があります。胸元がふっくらとやわらかい肉質になるので、ヘルシーなのに色っぽい雰囲気を演出できます。

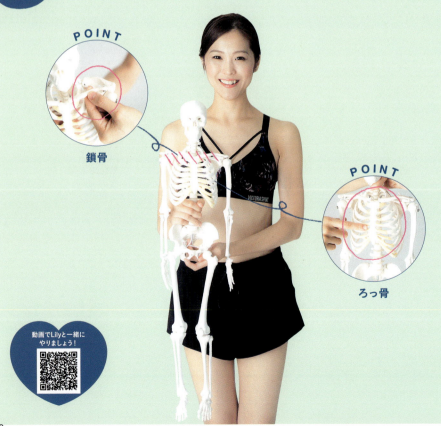

POINT 鎖骨

POINT ろっ骨

動画でLilyと一緒にやりましょう！

INTRODUCTION

このマッサージの前に首と鎖骨まわりをほぐしておくと、さらに効果が出やすくなります！

くわしくは P55を見て！

ここを意識！

ゴリゴリ

1 全体をほぐす

手をグーにして、わき側から中心に向かってデコルテ全体をほぐす。肩を内に入れて猫背にすると筋肉がゆるんでほぐしやすい。

最後は軽くもみます

手のひらでわきに流す

2 わきに流す

手を開いて、浮き出た老廃物をワイパーのように集め、わきの下に流し込む。

肉質をしなやかに変えて華奢なのにふっくら色っぽい胸元に

SPECIAL COURSE 気になるところを徹底的に攻める

7

丸く盛り上がった
美乳を作る

ふっくらと色っぽい胸元は自分で作り出せる

アンダーバストはふだんブラジャーで締めつけられて流れが悪くなりがち。ここがツマると胸が硬くなったり形がいびつになってしまいます。ろっ骨にへばりついた筋肉をほぐし、老廃物を流してあげることで、ふっくらとした自然な丸みを取り戻します。

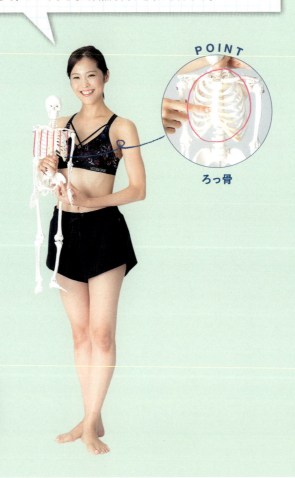

POINT

ろっ骨

動画でLilyと一緒にやりましょう！

INTRODUCTION

このマッサージの前に首と鎖骨まわりをほぐしておくと、さらに効果が出やすくなります！

くわしくはP55を見て！

ゴリゴリ

ツボは★の部分！

1 胸の谷間をほぐす

人差し指の側面か、握った手の関節で、胸の真ん中を上下にほぐす。同時に女性ホルモンの分泌を促すツボを刺激する。

ここを意識！

ここをはがす

2 バストの下をほぐす

胸のふくらみの下に指を差し込むようにして、アンダーバストの部分をしっかりほぐす。ろっ骨にへばりついた胸の肉をはがすイメージで。

手のひらで集めてわきに流す

3 わきの下に流す

手のひらで胸のふくらみの周囲をぐるっと一周するようにして老廃物を集め、わきの下に流し込む。

SPECIAL COURSE 8 気になるところを徹底的に攻める

キュッとくびれた
ウエストを作る

**ウエストマークの洋服が
似合うあかぬけ体型になる！**

ウエストは数種類の筋肉が重なっていて老廃物がたまりやすいエリア。老廃物によるむくみは筋トレでは取り除けないため、腹筋を鍛えるだけではなかなか効果が見えません。でも、老廃物を流すとキレイなラインがくっきり。女性らしいくびれが手に入ります。

動画でLilyと一緒に
やりましょう！

064

INTRODUCTION
手のひらで、そけい部から胃のあたり(乳び槽)までを流しておくと、効果が出やすくなります!

くわしくは P55を見て!

1 体の外側をほぐす
手をグーにして、**わき腹からおへそに向かって斜め下にほぐす**。息を吸って吐きながら、ろっ骨を締めるようにして行うのがコツ。

下腹のお肉を かき出して!

2 下腹をほぐす
恥骨から腰骨の端に向かって斜め上にほぐす。
下腹の肉を指の関節でかき出すようなイメージで。その後、おへそからわき腹に向かって真横にほぐす。

下から集めて わきの下に

3 わきに流す
浮き上がった老廃物を手のひらで**体の横に集め、そのままわきの下に流し込む。**

SPECIAL COURSE 気になるところを徹底的に攻める

9

たるみを引き締めて
下腹すっきり

**タイトスカートがキマる
薄い腰まわりを目指して！**

リンパ管は腸にも張り巡らされていて、おなか太りは、その老廃物によるむくみも原因のひとつ。姿勢や歩き方のクセで骨盤がゆがむと、さらに流れが悪くなってしまいます。おなかの流れをよくすることで、下腹ぽっこりを解消するだけでなく脚もヤセやすくなりますよ。

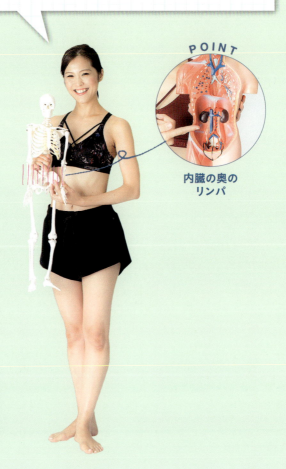

POINT

内臓の奥の
リンパ

動画でLilyと一緒に
やりましょう！

くわしくは
P55を見て!

INTRODUCTION
手のひらで、そけい部から胃のあたり(乳び槽)までを流しておくと、効果が出やすくなります!

体を前に倒して
体重をかけて

1 下向きにほぐす
手をグーにして、ウエストから脚のつけねまで下に向かって押しながらほぐす。おなかを縦に4つのパートに分けて、端から1つずつほぐすイメージで。

ここを意識!

軽くウエストを
ひねりながら

グイグイ

2 横向きにほぐす
手のひらで下腹全体を左右に大きくほぐす。手の動きと逆方向にウエストをねじりながら行うとやりやすい。

下腹を
えぐるように
やや強めに

3 下腹を押し流す
両手をおへその上に置き、息を吸って吐きながら上からぐっと押し、そけい部に流し込む。

SPECIAL COURSE 気になるところを徹底的に攻める

10

プリンと上がった
ヒップラインを作る

> スキニーパンツが似合う
> 桃尻で、後ろ姿に自信を！
>
> 気づかないうちに、意外と見られている後ろ姿。たれたお尻は、年齢より老けて見えてしまいます。キュッと上げるために大切なのは、背骨のいちばん下と太ももの骨をつなぐ筋肉をしっかりほぐすこと。筋肉に沿ったマッサージで、弾力のある丸い桃尻を取り戻します。

POINT
骨盤の端っこ

POINT
背骨の端っこ

動画でLilyと一緒に
やりましょう！

くわしくは
P55を見て！

INTRODUCTION

手のひらで、そけい部から胃のあたり（乳び槽）までを流しておくと、効果が出やすくなります！

ここを意識！

ゴリゴリ

1 お尻の上中心をほぐす

背骨のいちばん下の仙骨という骨の上をグーでほぐす。ここはお尻の筋肉の起点で、老廃物がたまりやすくむくみの原因になりがちなので、しっかりほぐして。

ここを意識！

お尻のいちばん大きい筋肉をほぐします

2 お尻の上全体をほぐす

そのまま腕を左右に広げ、骨盤のキワに沿ってほぐす。

お尻は意外と人から見られるパーツだからお手入れを忘れずに！

背骨と太ももを
つなぐ筋肉をほぐします

ここを意識！

3 お尻の真ん中をほぐす
片脚を台などに置いて太ももを上げ、**仙骨からお尻にかけてほぐす**。背骨と太ももの骨をつなぐ筋肉を意識して。

骨盤のわきから
持ち上げながら

4 お尻の下をほぐす
手をグーにしてお尻の骨の下端から**お尻を持ち上げるようにして押しほぐす**。

5 太ももの横をほぐす
腰骨の上端からひざの横に向けて両手の親指またはグーで押しほぐす。太ももにある長い靭帯と、それに沿う筋肉をほぐすことで、むくみが取れてお尻が上がりやすくなる。

6 そけい部に流す

手のひらをワイパーのように使って、浮き上がった老廃物や水分を腰の横に集め、骨盤の上を通って、そけい部に流し込む。

SPECIAL COURSE 11 気になるところを徹底的に攻める

内側を引き上げる
太ももヤセ1

ミニスカートから出る 太ももの間にすき間を作る

太ももの内側には太いリンパ管が通っていて、脚全体から集まったリンパが合流してそけい部へと向かいます。ここがつまると、太ももの内側はもちろん、脚全体がもったりとメリハリのないシルエットに。しっかりほぐして、スラリとした美脚を手に入れましょう。

POINT

太ももの骨の端っこ

動画でLilyと一緒にやりましょう！

INTRODUCTION

手のひらで、そけい部から胃のあたり(乳び槽)までを流しておくと、効果が出やすくなります！

くわしくは
P55を見て！

ここを意識！

ひざの横からスタート！

ここは強めに！
太ももの内側を通ってそけい部へ

骨盤のわきを通ってお尻へ

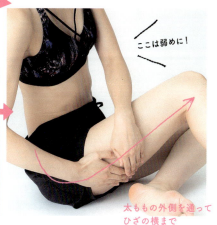

ここは弱めに！
太ももの外側を通ってひざの横まで

1 太もも全体を流す

両手のひらをひざの内側に置き、脚のつけねに向かって押し流す。そけい部まできたら骨盤のキワに沿ってお尻の外側まで流し、そのまま太ももの外側を通ってひざの横まで流す。パーツで区切らずにひと筆書きのように一気に行う。太ももの内側はしっかり密着、外側はやさしく流すのがコツ。

SPECIAL COURSE 11

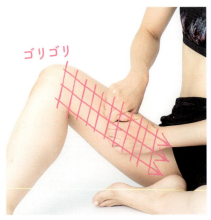

ゴリゴリ

2 内側全体をほぐす

両手をグーにして、太ももの内側全体を下から上にほぐす。体をゆらしながら体重をかけて行う。

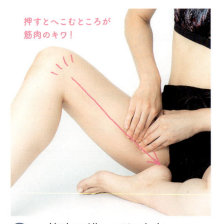

押すとへこむところが筋肉のキワ！

3 筋肉に沿ってほぐす

ひざの横から脚のつけねまで、筋肉のキワに沿って両手の指先で押し流す。

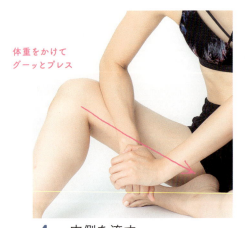

体重をかけてグーッとプレス

4 内側を流す

ひざの内側に腕を置き、逆の腕で押さえて体重をかけたら、アイロンをかけるように脚のつけねのほうに引き寄せる。筋肉をほぐしながら骨からはがすイメージでしっかりと押し流す。

「コリがほぐれるまではムリせずやさしく!」

もみもみ

5 脚のつけねをほぐす

4で押し流した筋肉の端、脚のつけねの部分をもみほぐす。コリコリしているところを骨からはがすイメージで。

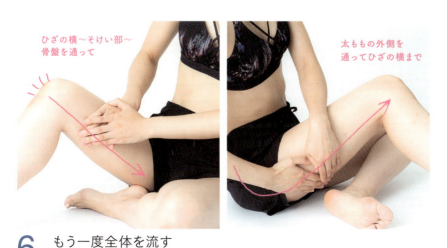

ひざの横〜そけい部〜骨盤を通って

太ももの外側を通ってひざの横まで

6 もう一度全体を流す

1と同様に、両手のひらでひざの横から脚のつけね、そけい部から骨盤を通って太ももの外側までゆっくりとていねいに流す。

SPECIAL COURSE 気になるところを徹底的に攻める

12

外側を削ぎ落とす
太ももヤセ2

ショートパンツがキマる ヘルシーでセクシーな脚に！

姿勢が悪い人やハイヒールをよく履く人は、骨盤が前に傾きやすく、体重が太ももの外側にかかりがち。ここの筋肉が張っていると、脚全体がゴツく見えてしまいます。運動部経験者にも多いお悩みです。筋肉をほぐし、むくみを流すことで、ほっそりしなやかなラインに。

POINT
骨盤の端っこ

動画でLilyと一緒にやりましょう！

INTRODUCTION
手のひらで、そけい部から胃のあたり(乳び槽)までを流しておくと、効果が出やすくなります!

ゴリゴリ

1 外側全体をほぐす
手をグーにして、**ひざの外側からお尻に向かって押し流す**。ゴリゴリと硬いところは、クリームを足して集中的にほぐして。

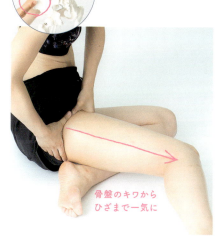

ここを意識!

骨盤のキワから
ひざまで一気に

2 筋肉に沿って流す
両手の親指を**骨盤のキワに置き**、体重をかけて筋肉に沿ってひざまで押し流す。痛みがあるようならグーでほぐしてもOK。

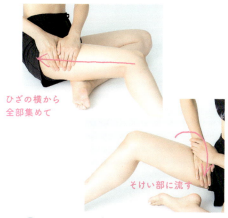

ひざの横から
全部集めて

そけい部に流す

3 そけい部に流す
手のひらをワイパーのように使って、浮き上がってきた老廃物を集め、**そけい部に流し込む**。

SPECIAL COURSE 気になるところを徹底的に攻める

13

ひざを小さく
ふくらはぎほっそり

年齢が出がちなひざ下を スラリなめらかラインに

ひざまわりは年齢が出やすく、ここがダブついているととたんに老けた印象に。ここのぜい肉を削ぎ落とし、ふくらはぎを引き締めることで、ヒールなしでもひざ下がスラリと長く見えます。ひざ下だけでなく、足の先からしっかりほぐすことで効率よく流れを改善します。

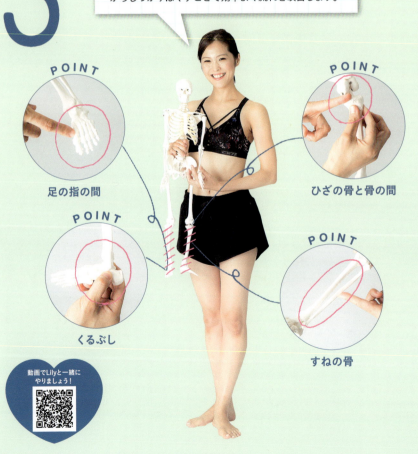

POINT 足の指の間

POINT ひざの骨と骨の間

POINT くるぶし

POINT すねの骨

動画でLilyと一緒にやりましょう！

ここを意識！

くわしくはP55を見て！

INTRODUCTION
手のひらで、そけい部から胃のあたり(乳び槽)までを流しておくと、効果が出やすくなります！

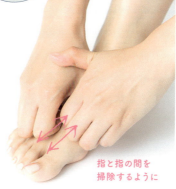

指と指の間を掃除するように

1 足の甲をほぐす
両手をグーにして足の甲に置き、**足の指と指の間を掃除するイメージ**で上下にほぐす。

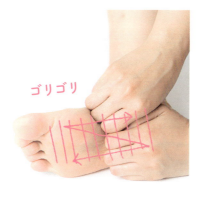

ゴリゴリ

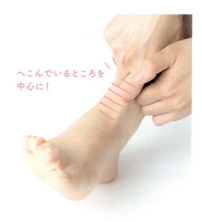

へこんでいるところを中心に！

2 足の裏をほぐす
そのまま足を倒し、**土ふまずから足の裏をグーでほぐす。**

3 足首をほぐす
足を立て、足首中央のへこんでいる部分を中心に足首全体をグーでほぐす。

SPECIAL COURSE 13

ここを意識！

くるぶしのキワを
しっかりと

すねをゴリゴリ

ふくらはぎも
全体的に

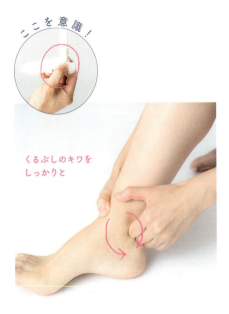

4 くるぶしまわりをほぐす
両方のくるぶしのまわりをグーで円を描くようにしてほぐす。くるぶしにつながっている筋肉の腱をほぐすイメージで。

5 ひざ下全体をほぐす
そのまま手の位置を上にずらし、すねとふくらはぎをグーでほぐす。体重をかけて腕を引き上げながら大きく上下に動かす。

ここを意識！

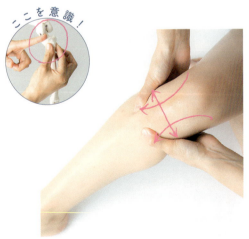

6 ひざまわりをほぐす
ひざの骨と骨のすき間に両手の親指を入れるようにして左右に押し流す。さらに、ひざの骨の両わきをえぐるイメージで押しほぐす。

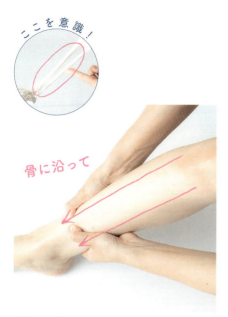

骨に沿って

7 すねをほぐす
そのまま少し力をゆるめて、ひざ下の骨に沿ってひざの横から足首まで押し流す。

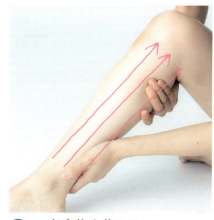

8 老廃物を集める
両手のひらをワイパーのように使って、足首からふくらはぎ、すねに浮き上がった老廃物を集める。

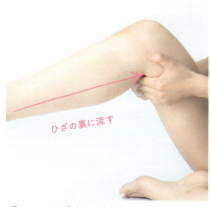

ひざの裏に流す

9 ひざ裏に流す
集めた老廃物をひざの裏にあるリンパ節に流し込む。

ひざのお皿のキワにたまった老廃物もすっきり流して！

SPECIAL COURSE 14

気になるところを徹底的に攻める

スラッとした
細い足首を作る

くるぶしを目立たせて
華奢見え＆サイズダウン

もともと細い部位だけにむくみの影響が出やすい足首。くるぶし周辺の流れをよくしてむくみを取ることで、すんなりサイズダウンできるうえ、骨っぽい華奢なラインを演出できます。ただし、この周辺には子宮の反射区もあるので、妊娠中の方は注意してください。

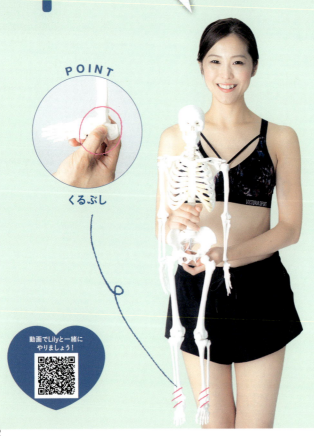

POINT

くるぶし

動画でLilyと一緒にやりましょう！

くわしくは
P55を見て！

INTRODUCTION
手のひらで、そけい部から胃の
あたり(乳び槽)までを流してお
くと、効果が出やすくなります！

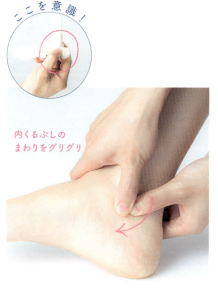

ここを意識！

内くるぶしの
まわりをグリグリ

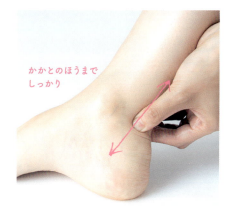

かかとのほうまで
しっかり

1 くるぶしのキワをほぐす

内側のくるぶしのキワに沿って骨のまわりをよ
く押し流す。親指を傾けて、骨のキワに入れる
イメージで。

2 アキレス腱をつまみほぐす

親指と人差し指でアキレス腱をはさみ、上下に
しごくように押し流す。アキレス腱が浮き出る
と足首が引き締まって細く見える。

骨がくっきり浮き出ることで
よりほっそりと
見えるようになります

COLUMN 2

マッサージの前に押さえておきたい
"食事"の基礎知識

食べても太らない
体になる方法

食べる量を減らすほどヤセにくくなる

摂りすぎたカロリーは脂肪として体にたまるので、食べすぎはダイエットの敵。でも、だからといって食事のカロリーが低いほどいいというわけではありません。食べる量を減らせば、体はそれに順応して少ない食料でも生きられるよう省エネ仕様になっていきます。つまり、食べる量を減らすほど、ヤセない体になっていくのです。「年齢を重ねてヤセにくくなった」という方の多くは、食事制限をくり返したせいで、代謝が悪くなっています。

食事制限の危険なワナ

サロンに勤めていたころ、「ランチは菓子パンだけ」「夕飯はグミだけ」といった極端な粗食のお客様がたくさんいらっしゃいました。ダイエットのためにガマンしていたのだと思いますが、残念ながらむしろ逆効果でした。というのも、私たちの体は、食べたもので作られるから。栄養が足りなければ、体がうまく機能しなくなるのはあたりまえです。機能不全になれば代謝も悪くなり、いらない脂肪や水分がたまってしまいます。それでボディラインが崩れ、ヤセようとして食事を減らし、その結果さらに機能不全に……。栄養を摂らないのは、そんな悪循環の引き金なのです。

食べるべきものは体が教えてくれる

脂肪や糖質は目の敵にされがちですが、体を動かすエネルギー源になる、体温を保つなど、役割を持っています。脂肪は、キレイになるのに必要な女性ホルモンなどの材料でもあるので、必要な量は摂らないといけません。栄養をバランスよく摂ることで、老廃物をため込まない機能的な体になります。では、どれくらいが適量なのか。内臓にある内臓知覚神経が働いて、体が本当に必要なものと食べる量を教えてくれるため、食事の満足感が高まります。体の声に耳を澄ませることで、脂肪や糖質の摂りすぎを防ぐことができるのです。

from my Instagram

パーソナルエステのお客様のために香港へ。初海外出張！

香港で。留学して以来、仕事で海外に行くのが夢でした

インスタフォロワーさんに恩返ししたくて美活忘年会開催

仕事は縁も運ぶ。セミナーに参加してくれて以来の友人と

FACIAL COURSE

Lily Challenge Part 3

顔立ちまで変わる

顔にも体と同じように筋肉があり、リンパが流れています。
頭蓋骨や表情筋を意識したマッサージで流れをよくすれば
むくみが取れてキュッと引き締まり、印象が大きく変わります。

☑ 輪郭

☑ 目の大きさ

☑ 肌のハリ

は自由自在

↑
顔立ちは
変えられる！

フェイシャルのポイントは やさしく触れること

顔は約25種類の表情筋が重なり合って表情を作っているので、
それぞれの老廃物を流すだけでむくみやたるみが改善され、印象が変わります。
ただし顔の皮膚は体に比べて薄くてデリケートで、
強すぎるマッサージはたるみの原因に。
肌に負担をかけないよう、必ずクリームを塗り、手のひらを肌に密着させて、
筋肉の方向に沿ってやさしくマッサージすることが大切です。

導入マッサージ

フェイシャル

顔の皮膚は頭皮とつながっているので、顔だけでなく頭皮にもアプローチするのが効率よく成果を出すコツ。マッサージの効果を長続きさせることにもつながります。

あーと声を出しながら

1 こめかみに手の腹をつけ、くるくる回しながら頭皮をほぐす。

くるくる

2 こめかみの髪の根元をつかみ、くるくる回しながら頭皮をほぐす。

顔全体を引き締めて小顔を作る

FACIAL COURSE 15 顔立ちまで変わる

むくみを取ってリフトアップ メリハリある輪郭に

頬骨についている筋肉のコリをほぐし、ほっぺたのむくみを解消します。さらに、「エラ」周辺の筋肉をしなやかにすることで、輪郭を引き締め、すっきりとメリハリある小顔へと導きます。肌のたるみがなくなり、毛穴も目立たなくなる美肌効果のおまけつき。

POINT
頬骨・エラの骨

動画でLilyと一緒にやりましょう！

INTRODUCTION
こめかみまわりの頭皮をくるくる回してほぐしておく。

手のひら全体を
肌に密着させる

1 顔全体を流す
手のひら全体を**ほっぺたにつけ、耳のほうに向けて**やさしく流す。流す位置をだんだん上にずらし、最後はおでこから髪の生え際まで流す。

頭の重みを
使って

NG

口の横は
押さないで！

2 輪郭をほぐす
エラの骨のキワに指を置き、**顔を倒して頭の重さを使って**じんわりと下から上に押し流す。ただし、口の横までは触らない。

耳の横まで
しっかり

3 顔の中心をほぐす
指3本を曲げて**頬骨に軽くひっかけるように置き、**そのままこめかみに向けて押し流す。頬骨にへばりついた筋肉をはがすイメージで。

耳の下に
集めてから
鎖骨に流す

4 鎖骨に流す
鼻の横に指を置き、頬骨に沿って耳の下まで流したら、手のひらで**首の横を通って鎖骨に流し込む。**

顔立ちまで変わる FACIAL COURSE

16 目をぱっちり大きくする

まぶたを上げる筋肉をほぐしメイクに頼らず大きな目に！

まぶたを開けるとき、目のまわりと眉毛の下にある筋肉が使われています。パソコンやスマホが欠かせない現代人は、この筋肉が疲れて縮こまり、まぶたが下がって目が小さくなってしまいがち。やさしくほぐせば、ぱっちり大きな目が手に入ります。メイク直しのついでにも。

POINT
眉の下・目のまわり

INTRODUCTION
こめかみまわりの頭皮をくるくる回してほぐしておく。

くわしくは
P89を見て！

目元のくぼみを
押し広げる

1 目の上をほぐす
鼻のつけねから目尻まで、アイホールのくぼみを指先でやさしく押していく。頭蓋骨のアイホールのキワを押し広げるイメージで。

眉頭から
眉尻まで
つまむ

2 眉まわりをほぐす
眉毛ごと肌を軽くつまむ。眉頭から眉尻まで少しずつ位置をずらしながらつまみほぐしていく。

目が疲れたときも
すっきり！
仕事中にもおすすめ

ほうれい線を目立たなくする

顔立ちまで変わる FACIAL COURSE 17

たるみの原因、コリをほぐして表情までもいきいきと

ほうれい線の原因は、顔の脂肪を支える筋肉が凝って、硬く縮こまったことによる肌のたるみです。じつはほっぺたの筋肉はこめかみまでつながっています。顔のたるみには首や頭皮のコリも影響しているので、ほっぺたを引き上げるだけでなく、広い範囲でほぐすことが大切。

POINT
頬骨

動画でLilyと一緒にやりましょう！

INTRODUCTION
こめかみまわりの頭皮をくるくる回してほぐしておく。

力を入れすぎずやさしく

このへんをくるくる

頬骨のキワをグーッ

1 鼻の横をほぐす
人差し指か中指を鼻の横に置き、肌をくるくる回すようにしてほぐす。摩擦は肌のたるみの原因になるので、やさしく押しほぐして。

2 頬骨に沿ってほぐす
頬骨の下に両手の指を置き、耳の横までジグザグと押し流す。

引き上げる

顔を傾けながら

肩を引き落とす

3 ほうれい線をつまみ上げる
ほうれい線に沿って、親指と人差し指で肌を軽くつまみ上げる。

4 顔を引き上げる
引き上げる側の手をあごの下に、反対側の手を耳の横に置き、顔全体を引き上げる。そのままこめかみの髪の根元をつかんで引き上げる。顔を傾け、肩は逆方向に落として首の横を伸ばすのがコツ。

顔立ちまで変わる
FACIAL COURSE

18

二重あごを解消する

あごの骨のキワを掃除して
たまった脂肪とむくみに喝!

あごの骨のキワ、顔と首の境目は顔の老廃物がたまりがち。加齢とともに水分や脂肪もため込んで、あごのラインがぼやけてしまいます。筋肉をほぐしながら老廃物を浮かし、鎖骨の出口に押し流すことで、すっきりと引き締まったフェイスラインに。首のしわも解消します。

POINT
頭蓋骨のキワ

INTRODUCTION
こめかみまわりの頭皮をくるくる回してほぐしておく。

くわしくはP89を見て!

1 輪郭をつまみ出す
頭蓋骨のキワに沿って、親指と人差し指でたるみの気になる肌を軽くつまみ出す。骨の内側に指を入れるイメージで。

2 輪郭をほぐす
ほぐす側と逆方向に顔を傾けて両手をあごの下に置き、頭蓋骨のキワに沿って耳の下まで押し流す。

手のひらで集めて流す

3 鎖骨に流す
浮き上がった老廃物を手のひらで集め、耳の下から首の横を通って鎖骨に流し込む。

顔立ちまで変わる
FACIAL COURSE

19

目の下のくまを消す

コリほぐし＆血流アップで ワントーン明るい目元に

眼球が入っているのは頭蓋骨の穴。支えがないぶん落ちくぼんで影になりやすいのが弱点です。目のまわりをドーナツのように包んでいる筋肉を刺激して血流を改善、肌のハリを取り戻します。ただし皮膚が薄くデリケートなパーツなので、くれぐれもやさしいタッチで。

POINT

目のまわり

INTRODUCTION
こめかみまわりの頭皮をくるくる回してほぐしておく。

1 目の下をつまむ
くまが気になる部分を、親指と人差し指で軽くつまみ上げる。

やさしく流す

2 目の上を流す
鼻のつけねに中指と薬指を置き、こめかみに向かってまぶたをやさしく押し流す。皮膚が動かないくらいソフトに！

指の腹で！

3 目の下を流す
同様に、目の下を通ってこめかみまでやさしく押し流す。

顔立ちまで変わる FACIAL COURSE

20 首のしわを目立たなくする

元凶は首のコリ！ほぐしてハリを取り戻す

薄くて短いしわは乾燥が原因なので、保湿クリームをこまめに塗ればかなり改善します。ここでアプローチするのは深い横じわ。これは首の筋肉のコリが原因です。筋肉をほぐして老廃物を流せば、肌にハリが出てしわが目立たなくなるだけでなく、首がすっきり長く見えます。

動画でLilyと一緒にやりましょう！

INTRODUCTION
こめかみまわりの頭皮をくるくる回してほぐしておく。

1 横じわをつまみ上げる

しわに沿って、親指と人差し指で肌を軽くつまみ上げる。しわになっている部分をひっぱり出すイメージで。

2 首を伸ばす

あごの下と鎖骨の上に手を置き、首を傾けながら上下に引っ張って伸ばす。

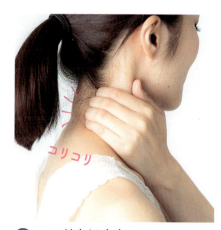

3 コリをほぐす

しわの延長線上をたどり、首のコリを見つける。指先でほぐし、最後に鎖骨に流し込む。

顔立ちまで変わる
FACIAL COURSE

21 おでこの丸みを作る

ふっくらとしたおでこで若くて愛らしい横顔に

女性ホルモンは体に丸みを出す働きがありますが、おでこもそのひとつ。女性らしく若々しい顔立ちには、おでこの丸みは大切なポイントです。でも、ストレスや疲れがたまると、筋肉がこわばってゴツゴツと四角いおでこに。ほぐして丸く愛らしいおでこを取り戻しましょう。

INTRODUCTION
こめかみまわりの頭皮をくるくる回してほぐしておく。

ゴリゴリ

「考える人」の
ポーズで

1 グーでほぐす
テーブルなどにひじをつき、両手をグーにしておでこにあてる。端から上下にジグザグ動かしてほぐす。頭蓋骨にへばりついた筋肉をはがすイメージで。

手のひらで
髪の生え際まで

2 パーで流す
手のひら全体をおでこに密着させ、眉の上から髪の生え際まで引き上げるようにして押し流す。

丸みのあるおでこは
女子力の証！

COLUMN 3

マッサージ効果を最大に引き出す秘密
脂肪を燃やす
最終兵器は「意識」

「ドキドキ感」でヤセる

脂肪細胞は、やわらかい袋のようなものの中に液状の脂肪が入った、イクラのような構造。ふだんはそれが3つセットになっていて、燃焼するには、①その3つをバラバラに分解する ②それぞれの壁を破って中身を外に出す という2段階が必要です。①で脂肪を分解してくれるのは、「リパーゼ」という酵素。リパーゼは筋肉を刺激したり、体温を上げることで活性化されます。マッサージでヤセやすい体を作れるのは、そのためです。②で脂肪の壁を破ってくれるのは、ホルモン。日常のちょっとしたストレスが、このホルモンの分泌を促します。マンネリ化した毎日ではなく、ちょっとした冒険をしたり、ちょっと負荷をかけて新しいことに挑戦したり、といった"ドキドキ感"で出るホルモンが、脂肪燃焼を助けるというわけです。

「やる気」でヤセる

ダイエットに欠かせないホルモンは他にもあります。それは「レプチン」です。食欲を抑制して食べすぎを防いでくれる、別名"ヤセるホルモン"。レプチンは感情の影響を受けるといわれています。マッサージをしたり、エステに行ったりしたあと、しばらく何も食べたくないなと感じることはありませんか。これは、施術中にキレイになることをイメージして積極的に楽しんだことによって、レプチンが活性化され、食欲が抑えられているからと考えられます。同じようにマッサージをしても、ぼーっとしていたり美容とは違うことを考えていたらレプチンは活性化しにくいので、効果はかなり違ってきます。

ダイエットに根性論は不要ですが、高い意識を持って自分にあえて負荷をかけること、結果を意識してマッサージすることが、キレイへの近道になるのは間違いありません。

from my Instagram

婚約中に主人と東京に来たときの一枚。表情が柔らかい？

大好きなF1。主人と父と私の3人で行って大興奮でした

新婚旅行は私の転機となったイギリスへ。いい思い出に！

結婚式で。大好きな祖母、母、姉にいつも助けられています

BEAUTY TIPS

Lily Challenge Part 4

ちょっとした習慣でキレイを作る

流れのよい体を作るには、小さな積み重ねがとっても大切。
通勤途中や仕事中、家事の合間などを利用して
ライフスタイルにムリなく取り入れられる美のヒントをご紹介します。

「触りグセ」でキレイを作る

服を着たまま、いつでもどこでもできるプチメソッドをご紹介。積み重ねることで

After Noon

仕事中

P112へ GO

デスクワーク中の二の腕つかみで
華奢な腕を手に入れる

通勤中

P111へ GO

つり革逆手持ちで肩を開き
わきのリンパを流す

Morning

起きたら

P110へ GO

メイクの前の耳もみで
顔色をワントーン明るく

24

24時間スケジュール

体質は少しずつ変わるから、毎日の習慣にして流れのいい体を作りましょう。

P113へ GO
会議中
考えるときはおでこもみで愛らしい顔立ちに

P114へ GO
夕方
疲れたなと思ったら髪を引っ張ってリフトアップ

hours

Evening

お風呂
P116へ GO
体の内側の老廃物もしっかり流す

P115へ GO
帰宅後
すねをたたいてむくみのない美脚に

BEAUTY TIPS ちょっとした習慣でキレイを作る

22

顔色を一段明るくする
耳もみ

全身の血流を改善して くすみを払い、血色のいい肌に

むくみを解消する、肌のたるみを防ぐ、女性ホルモンの分泌を促すなど、100種類以上ものツボが集まっている耳。素人がピンポイントで刺激するのは難しいので、耳全体をもむ作戦です。肌のトーンアップも期待できます。

もみもみ

やりすぎる心配はないので、いつでもどこでも！

耳全体を指でもみほぐしながら軽く引っ張る。

BEAUTY TIPS ちょっとした習慣でキレイを作る

体のゆがみを直す
つり革逆手持ち

**縮こまった肩を開き
わきのリンパを流れやすく**

デスクワークやスマホの見すぎで、現代人は肩が前に入って猫背になりがち。その姿勢がクセになると、わきのリンパ節が圧迫されるため、老廃物がツマってむくんだり太ったりしやすくなってしまいます。ときどき意識して肩を開いて、流れのいい体をキープしましょう。

23

ガタン
ガタン

電車やバスのつり革を、手のひらを前にせず、
自分に向けた「逆手」で持つ。

通勤時の
クセにして

プチもみで二の腕ヤセを目指す
二の腕つかみ

BEAUTY TIPS ちょっとした習慣でキレイを作る

24

仕事中にムリなくできる上半身改善メソッド

二の腕は服の上からでもムリなくもめるパーツ。ふだんの生活の中でデスクワークの途中や打ち合わせ中など、腕組みするような姿勢でさりげなくもみほぐします。二の腕ヤセにつながるだけでなく、肩コリの解消にも効果的なので、仕事の効率もアップして一石二鳥。

できればわきももみもみ

肩コリの解消にも！

腕のつけねからひじの上にかけて、**手のひら全体でつかんでもみほぐす。**筋肉に沿って行うと効果的。

BEAUTY TIPS 25
ちょっとした習慣でキレイを作る

女性らしい顔立ちを作る
おでこもみ

打ち合わせ中もできる こっそりフェイシャル

打ち合わせや会議の途中、考えているふりをしておでこをもみもみ。知らず知らずのうちにこわばって四角くなったおでこの筋肉をほぐし、丸みのある女性らしい顔立ちを作ります。ストレス解消や眠気覚ましにもなるし、目の疲れも取れ、いいことずくめ。

ゴリゴリ

考えているふりして もみもみ

両手をグーにしておでこにあて、上半身を倒す。
頭の重みを使ってもみ流す。

頭もすっきりします

BEAUTY TIPS 26 — ちょっとした習慣でキレイを作る

顔のリフトアップを助ける
髪引っ張り

頭皮のコリをほぐして顔のむくみ・たるみを撃退

フェイシャルマッサージの導入に行うメソッドですが、ふだんの生活でもぜひ。ストレスが多いと、頭皮が凝って硬くなり、顔のむくみの原因になりがちです。夕方疲れたな、と思ったら髪を軽く引っ張って頭皮をほぐすことで、顔まで流れがよくなり自然とリフトアップ。

できれば口を開けてやるのがおすすめ

引っ張るだけでもOKです！

こめかみの髪の根元をつかみ、軽く引っ張る。くるくる回しながら頭皮をほぐすとさらに効果的。

脚の疲れとむくみを取る
すねたたき

BEAUTY TIPS ちょっとした習慣でキレイを作る

27

すねのツボを刺激して ひざ下をすんなりほっそり

脚が疲れるとふくらはぎを意識しがちですが、脚は前側の筋肉を使うことが多く、すねにも大きな負担がかかっています。疲れをそのままにしておくと、むくみや下半身太りの原因に。疲れやむくみを取るツボはすねの外側に並んでいるので、そこを意識するのがおすすめです。

ポコポコ

痛気持ちいいくらいの強さで

ひざを立てて座り、**両手をグーにしてすねを軽くたたく。**すねの骨の外側に沿ってたたくと効果的。

BEAUTY TIPS ちょっとした習慣でキレイを作る

28

全身の老廃物を流す
お風呂タイム

リンパの流れを意識して
お風呂をプチエステに

体が温まって筋肉がゆるむお風呂タイムは、マッサージにぴったり。ブラシやスポンジではなく、手で洗いながらほぐしましょう。ただしボディソープやシャンプーは洗浄成分が多く、長時間肌につけていると肌荒れの原因になるので、あくまでも"ついで"程度に！

頭皮をほぐすシャンプーのコツ

くるくる

1 こめかみの頭皮をほぐす
泡立てたシャンプーを髪につけたら、こめかみに手の腹をつけ、くるくる回しながら頭皮をほぐす。

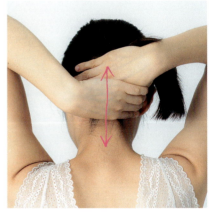

2 首の後ろをほぐす
首を後ろから両手でつかみ、うなじの髪の生え際を上下にしごくようにしてほぐす。

体を洗うときはリンパの流れにあわせた順番で

COLUMN 4

変えるのは体だけではありません

美しくなるために整えておきたい「やせマインド」

謙遜はリスクになる

ダイエットに失敗しやすい人、リバウンドしやすい人には、それぞれ傾向があります。失敗しやすいのは、「でも」「どうせ」「私なんて」と、自分を否定する言葉が多い人。こういう人からは「だって」「やっぱり」という言葉もよく聞きます。変われない理由を自分の中で探しているのです。

セルフイメージを変える

人には無意識に"自分はこんな人間"と思い込んでいる自画像"セルフイメージ"があります。必ずしも本当の自分ではないのに、誰もが役者のようにその通り演じる傾向があるそうです。たとえば、「どうせ私は根気がないから」とどこかで思っていると、そのイメージ通り挫折して、「やっぱりヤセなかった」という結果になりがちです。本当に根気がないのではなく、そう思い込んでいるだけなのに。逆に、自分を否定する言葉が減ってきた人は、元の体型にかかわらず意外とするするっとヤセていきます。

環境を変える

ダイエットに成功したあとも、環境を変えない人は、リバウンドしやすい傾向があります。もちろん、今までの友と縁を切る必要はありませんが、せっかくキレイになったのなら、新しい友達と、今まで行ったことのないお店に行って、自分に刺激を与えれば、ますます変われるはず。いちばんよく付き合っている友達の平均年収が自分の年収になる、といわれていますが、体型も同じだと思います。できれば、ちょっと気後れするくらいキレイな人とも積極的に付き合いましょう。

from my Instagram

神社に行くと、心が整う！
時間を見つけては訪れます

カフェでひとり考える時間も
大切にしています

海を見ていると心が静まる。
もっぱら眺めるのが専門です

自分を見つめるきっかけを作ってくれた、私のメンター

より早く！確実に！
ヤセたがる体を作るためのQ&A

💬 毎日少しずつ続けましょう！

Q1 マッサージは毎日必ずやらないとだめ？ 1日どれくらいやればいいですか？

A 理想は15分くらいできるといいですが、それより短くてもいいので、継続することが大切です。最初の10日間は、できれば毎日、少なくとも週4日は行ってください。

Q2 おすすめのタイミングはありますか？

A いつでも大丈夫ですが、食前・食後1時間はおすすめしません。とくに食前にマッサージをすると、体の流れがよくなって食べたものの吸収率が上がり、太りやすくなります。

Q3 疲れてマッサージしたくない日はどうすればいいですか？

A いちばん大きなリンパ節だけでもほぐしてください。体の疲れには鎖骨やわきなどの上半身、気分がのらないなど、心がしんどいときは足の裏がおすすめ。疲れにも効きますよ。

Q4 やる気を持続させるにはどうすればいいですか？

A なぜヤセたいのかという理由と、ヤセたらこんなことをしたいというイメージをはっきり明確にすること。目標の人の写真をよく見えるところに貼っておくのもいいと思います。

Q5 風邪などで具合が悪いときもマッサージしたほうがいいですか？

A 体調が悪いとき、風邪気味のときはマッサージをお休みしてください。風邪などが長引いてしまうことも。体が休みたがっていると思って、治すことを優先してくださいね。

「ムリしないことも成功の秘訣！」

Q6 生理中でもマッサージして大丈夫ですか？

A 体調がとくに悪くなければ、マッサージをしていただいてかまいません。ただし、生理中は肌が敏感になることがあるので、様子をみながらマッサージしてください。

Q7 妊娠中はおなか以外ならマッサージして大丈夫ですか？

A 安定期に入ったら、かかりつけの医師に許可をもらい、体調と相談しながら行ってください。妊娠初期と臨月は避けてください。産後も、帝王切開の場合は半年以内はおすすめしません。

Q8 痛くて強く押せません。痛いほど効いているのでしょうか？

A 痛みがあるのは、老廃物がたまって筋肉が硬くなっているか、セルライトが神経を圧迫しているせい。ムリして強く押すのではなく、痛気持ちいいくらいの強さでほぐしてあげてください。

Q9 ニキビや湿疹があるところもマッサージしていいですか？

A 症状を悪化させる可能性があるため、ニキビや湿疹があるところは避けてください。傷やうちみ、ねんざなどの部位も同様です。

Q10 クリームはドラッグストアなどの安いものでもいいですか？

A 少しお値段が高くても、脂肪にアプローチできる、マッサージ専用のものを使うのがおすすめです。マッサージが習慣化するほど、クリームによる効果の差が出やすくなるので、お気に入りを探してください。

「パートナーと一緒にやるのもおすすめです」

Q11 カッサやマッサージブラシなど、市販の道具を使ってもいいですか？

A 気持ちいいと感じるものなら使っていただいてかまいません。ただし、手で直接触れることが自分の体の状態を把握することにつながるので、マッサージの最初と最後は手で行ってほしいです。

Q12 **食事**はどんなことに気をつければいいですか？

A とにかくバランスよく食べること。食べすぎたときは、そのあとの食事の量を少しずつ減らすなどで、48時間以内に調整しましょう。冷たいものは体を冷やすのでできるだけ避けて。

Q13 仕事で**夕食の時間**が**遅くなりがち**です。

A 夜は吸収がよくなるので、夕食はできるだけ夜8時前にすませましょう。どうしても過ぎてしまう日は、主食を控えめに。よく噛んで胃に負担をかけないようにしてください。

> 規則正しい生活でバランスよく食べて！

Q14 **サプリメント**や**プロテイン**を飲んでもいいですか？

A もちろんです。プロテインは朝飲むと1日の代謝アップが期待でき、寝る前なら睡眠の質の向上に。サプリメントは基本的には空腹時に。ただしオメガ3は食後がおすすめです。

> 体の声に耳を傾けましょう

Q15 **筋トレ**もしたほうがいいですか？

A マッサージによって筋肉のラインが出てきたら、筋トレと並行して行うのもおすすめです。その場合、マッサージのあとに筋トレをすると、脂肪燃焼効果がより高くなることが期待できます。

Q16 脂肪が厚くて**骨のキワがわかりません。**

A 写真や動画を見て「このへんかな？」というあたりをグーでマッサージしましょう。続けるうちに骨や筋肉のラインが出てくるはずなので、そうしたら指でキワを攻めるようにしてください。

> 猫背を正して姿勢をよくすることも大切ですよ

Q17 肩コリがひどいのですが、体型と関係がありますか？

A 首が凝ると、鎖骨の出口までツマって、太りやすくなりがちです。長時間同じ姿勢でいることは避け、ときどき肩や首を回す習慣をつけましょう。また、PCや携帯電話を見る時間を減らすのも効果的。

Q18 下半身だけヤセられますか？

A 下半身太りの原因も、上半身がツマっているせいということが多いです。下半身だけではなく、しっかり全身をマッサージすることで、バランスのよいプロポーションを取り戻せます。

Q19 太ももがどうしてもヤセません。

A 骨盤のゆがみが原因の可能性があるので、姿勢から見直してください。また、内臓が冷えていることが多いので、腰や胃の上を温めたり、ストレッチやウォーキングを組み合わせても。

Q20 Part1を飛ばしてPart2やフェイシャルからやってもいいですか？

A Part1は全身の流れを改善するプログラムです。できれば最初の10日間にPart1を行ってから、Part2やフェイシャルを始めることで、その効果も出やすくなります。

Q21 それぞれのマッサージの順番を変えたり、飛ばしたりしても大丈夫ですか？

A この本のマッサージは、基本的なリンパの流れに沿った順番で組み立てています。まずは10日間、その通りの順番で行ってください。より効果が出やすくなります。

> 私と一緒に頑張りましょう！

Q22 マッサージをしたところがあざのようになってしまいました。

A 指で押すのではなく手のひら全体を使うとあざになりにくいです。また、肝臓が疲れていたり、糖質を摂りすぎているとあざができやすくなります。あざが治るまで、その部分は避けてマッサージしてください。

おわりに

最後まで本を読んでいただき、ありがとうございました。

私は、自分の外見が大嫌いでした。
当時中学生だった私の写真は、一枚も残っていません。
なぜこんな外見に生まれたのか、他人と比べては落ち込んでいました。
でも、肌のキレイさだけは褒められるようになり、
少しずつ自分を認めてあげられるようになりました。そのとき、
外見の一つでも自分のことが好きになれれば、人は変われることに気づいたんです。
自分を好きになるお手伝いがしたい。
そう思ったのが、私がエステティシャンになろうと思ったきっかけでした。

今もその思いは、変わっていません。
むしろ強くなっていく一方です。

人は、必ずなりたい自分になれるし、
自分を好きになれると信じています。

外見が変わっていけば、
内面も変わっていきます。

そして、内面が変われば、
さらに外見は変わります。

この10日間マッサージをきっかけに、
自分と向き合う習慣を作っていただきたいと思います。

自分を変えるのは、
誰でもなくあなたです。

まずは、今までの自分の思い込みやイメージを脱ぎ捨てて、
10日間チャレンジしてみてください。

チャレンジすればチェンジします！

写真が嫌いだった私が、まさか本を出すようになるとは。
私が一番驚いています。
人生何があるかわからない。
これからも一つ一つのチャレンジを楽しみたいと思います。

最後に、この本に興味を持って手に取ってくださった皆様、私が何もないときから、ずっと変わらず応援してくださるInstagramフォロワーの皆様、私に出版のチャンスへと導いてくださったDMMオンラインサロンメンバーの仲間、厳しく技術を教えてくれた先輩方、私を見つけてくださったKADOKAWAの清水さん、制作スタッフの皆様、いつも信じて応援してくれる家族や友人、チームメンバー、メンター、最愛の夫にたくさんの愛と感謝を申し上げます。

さぁ、なりたい自分に向かっていきましょう。

Lily

変わることを楽しんで♥

Lily（リリィ）

セルフケアエステティシャン。
CIDESCOインターナショナル・エステティシャン資格取得後、大手エステティックサロンに勤務。のべ２万人以上の施術経験と自身の研究により、独自の「深層リンパマッサージ」を開発。運動生理学や解剖学に基づいた科学的なメソッドが注目を集める。現在は、オンラインサロンやInstagram、セミナー等でセルフマッサージ法を発信している。

Instagram
@lilypresents
https://www.instagram.com/lilypresents/

オンラインサロン
「Lilyのセルフマッサージ
～毎日の少しずつで5年後を変える」
https://lounge.dmm.com/detail/574/

ホームページ　http://lilypresents.com/

Shop Directory

LILY PRESENTS オンラインショップ　https://lilypresents.shop-pro.jp/

衣装協力

エミ ニュウマン新宿店　☎03-6380-1018
株式会社ワコール　お客様センター　☎0120-307-056

P1、2、13
キャミソール¥2,200／W'BASIC、パイルショーツ(セットアップで)¥6,900／AMPHI(ともにワコール)

P5
ブラ付きコンビトップス¥11,000／emmi yoga(エミ ニュウマン新宿店)、ショートパンツ はスタイリスト私物

P20、30、86
ブラジャー¥2,700、ショーツ¥1,800、カーディガン¥6,000／以上AMPHI(ワコール)

P52、126
キャミソール¥2,200／W'BASIC(ワコール)、ショートパンツはスタイリスト私物

※記載のないものは著者またはスタイリスト私物

Staff

構成・文	松尾はつこ
撮影	諸井純二(Rooster)：カバー、イメージ
	後藤利江：人物
	神保達也：動画
スタイリング	小泉 茜
ヘア&メイク	豊田 円(ADDICT_CASE)
デザイン	ohmae-d
DTP	東京カラーフォト・プロセス
校正	麦秋アートセンター

Thank You!

10日間で、あなたの体はヤセたがる。
肉、筋、骨！全身が美しく整うキワ攻め深層マッサージ

2018年12月20日　初版発行
2019年 2 月20日　 3 版発行

著者　　Lily（リリィ）
発行者　川金 正法
発行　　株式会社KADOKAWA
　　　　〒102-8177　東京都千代田区富士見2-13-3
　　　　電話　0570-002-301(ナビダイヤル)

印刷所　大日本印刷株式会社

本書の無断複製（コピー、スキャン、デジタル化等）並びに
無断複製物の譲渡及び配信は、著作権法上での例外を除き禁じられています。
また、本書を代行業者などの第三者に依頼して複製する行為は、
たとえ個人や家庭内での利用であっても一切認められておりません。
KADOKAWAカスタマーサポート
[電話] 0570-002-301（土日祝日を除く11時～13時、14時～17時）
[WEB] https://www.kadokawa.co.jp/（「お問い合わせ」へお進みください）
※製造不良品につきましては上記窓口にて承ります。
※記述・収録内容を超えるご質問にはお答えできない場合があります。
※サポートは日本国内に限らせていただきます。

定価はカバーに表示してあります。

©Lily 2018　Printed in Japan
ISBN 978-4-04-604030-5　C0077